AF156779

BEI GRIN MACHT SICH IHR
WISSEN BEZAHLT

- Wir veröffentlichen Ihre Hausarbeit,
  Bachelor- und Masterarbeit

- Ihr eigenes eBook und Buch -
  weltweit in allen wichtigen Shops

- Verdienen Sie an jedem Verkauf

Jetzt bei www.GRIN.com hochladen
und kostenlos publizieren

Leistungssteigerung im Bereich Fußball. Individuelle Trainingsplanung für ein Krafttraining

Nathalie Heyde

Bibliografische Information der Deutschen Nationalbibliothek:

Die Deutsche Nationalbibliothek verzeichnet diese Publikation in der Deutschen Nationalbibliografie; detaillierte bibliografische Daten sind im Internet über http://dnb.d-nb.de abrufbar.

ISBN: 9783346363824
Dieses Buch ist auch als E-Book erhältlich.

Deutsche Hochschule für
Prävention und Gesundheitsmanagement
Hermann Neuberger Sportschule 3
66123 Saarbrücken

Einsendeaufgabe

Fachmodul: Trainingslehre I

Studiengang: Fitnessökonomie

Datum
Präsenzphase: 13.08. – 16.08.2018

Name, Vorname: Heyde, Nathalie

Studienort: Frankfurt

Semester: SS 18

Inhaltsverzeichnis

1 Diagnose

Im Rahmen der Einsendeaufgabe zu dem Studienmodul Trainingslehre I soll ein Trainingsplan erstellt werden. Im Folgenden erfolgt das Erstellen eines Trainingsplans für einen Kunden dargestellt.

1.1 Allgemeine und biometrische Daten

Zu Beginn wird ein Eingangsgespräch durchgeführt, bei dem die allgemeinen und biometrischen Daten des Kunden gesammelt werden. Somit kann die Belastbarkeit bzw. die Trainierbarkeit eingeschätzt werden.

Tab. 1: Allgemeine Daten des Kunden (eigene Darstellung)

Alter	25 Jahre
Geschlecht	Männlich
Körpergröße	173cm
Körpergewicht	75kg
BMI	25,1 kg/m^2
Trainingsmotive	Prävention, Leistungssteigerung
Berufliche Tätigkeit	Student, Aushilfe als Counterkraft in einem Fitnessstudio
Aktuelle sportliche Aktivitäten	3x pro Woche Fußball (Breitensport) Fitnessstudio (unregelmäßig)
Frühere sportliche Aktivitäten	Tennis
Zeitlicher Verfügungsrahmen	2x pro Woche

Wie man aus der obenstehenden Tabelle entnehmen kann, handelt es sich bei dem Kunden um einen 25-jährigen Studenten. Anhand der allgemeinen Daten (Tab. 1) erkennt man, dass der Kunde großen Wert auf körperliche Aktivität legt und schon von Kindesalter in Verbindung mit Sport steht. Seine hauptsächlichen Trainingsmotive sind die Prävention und vor allem die Leistungssteigerung im Fußball. Somit sind eine hohe Motivation und ein entsprechender Leistungszustand vorhanden.

Tab. 2: Biometrische Daten des Kunden (eigene Darstellung)

Blutdruck	137/ 79 mmHg
BMI	25,1 kg/m^2
Ruhepuls (nach 5 Minuten Sitzen)	61 Schläge pro Minute
Körperliche Beschwerden	Leichte Rückenschmerzen nach langem Sitzen
Orthopädische Probleme	Knieschmerzen (bereits behandelt)
Ärztliche Behandlung	Aktuell nein
Aktuelle Verletzungen	Keine
Gesundheitliche Einschränkungen	Leichte Rückenschmerzen
Einnahme von Medikamenten	Nein

Tabelle 2 zeigt die erhobenen biometrischen Daten des Kunden. Der gemessene Blutdruck ist als normal einzustufen. Die Einstufung erfolgt mithilfe von Tabelle. Der Body-Mass-Index (BMI) gibt das Verhältnis von Körpergewicht zur Körpergröße an. Der errechnete Wert von 25,1 kg/m² ist leicht erhöht und liegt an der unteren Grenze des Präadipositas (WHO, 2000). Jedoch kann der BMI lediglich als grober Richtwert angesehen werden.

Der Gesundheitszustand des Kunden ist relativ gut. Die leichten Rückenschmerzen können auf eine schlechte Haltung im Sitzen hinweisen, da diese häufig nach langem Sitzen auftreten. Die Schmerzen an beiden Knien wurde vom Arzt als eventuelle Vorstufe von Arthrose diagnostiziert und wurde mittels Akkupunktur und Reizstrom behandelt. Seit der Behandlung gab es keine weiteren Probleme oder Schmerzen sowohl in Ruhe als auch unter Belastung. Der Kunde weist bis auf die leichten Rückenschmerzen keine körperlichen und gesundheitlichen Einschränkungen auf, die eine eventuelle Rücksichtnahme bei der Trainingsplanung erfordern.

Tab. 3: Blutdruckklassifikation modifiziert nach Slany (2007, S.7)

Blutdruckbewertung	Blutdruck
Ideal	< 120/80 mmHg
Normal	120-129/80-84 mmHg
Normal hoch	130-139/85-89 mmHg
Hypertonie-Stadium 1	140-179/90-109 mmHg
Hypertonie-Stadium 2	≥ 180/110 mmHg
Isolierte systolische Hypertonie	≥ 140/<90 mmHg

1.2 Krafttestung – Mehrwiederholungstest (X-RM-Test)

1.2.1 Begründung des Krafttests

Um ein optimales Trainingsgewicht für den Trainingsplan zu ermitteln, ist eine Krafttestung notwendig. Aufgrund des Gesundheitszustandes und dem Leistungsstand empfiehlt sich der Mehrwiederholungstest (X-RM-Test) mit einer vorher festgelegten Wiederholungszahl von zehn Wiederholungen (im Folgenden mit 10-RM-Test bezeichnet).

Bei diesem Testverfahren wird die submaximale Trainingsintensität der Person bestimmt. Ein Maximalkrafttest (1-RM-Test) wäre bei der Person auch möglich, jedoch kann eine hohe mechanische und psychische Belastung entstehen und es besteht ein hohes Verletzungsrisiko durch das entsprechend hohe Gewicht (Buskies & Boeckh-Behrens, 1999; Kovarik, 1991; Kraemer & Fry, 1995). Eine Alternative ist die Intensitätsbestimmung über das subjektive Belastungsempfinden. Dieser Test ist für den Kunden ungeeignet, da das subjektive Belastungsempfinden relativ leicht durch komplexe Übungen verfälscht werden kann (Schnabel et al., 1997). Um die starken Belastungen zu vermeiden und das

Verletzungsrisiko im Vergleich zum 1-RM-Test zu verringern, wird mit dem Kunden ein 10-RM-Test durchgeführt.

1.2.2 Detaillierter Testablauf

Zu Beginn des Testablaufs hat der Kunde sich allgemein aufgewärmt, um eine optimale psychische und physische Verfassung des Körpers herzustellen. Im Anschluss auf das allgemeine Aufwärmen folgt das spezielle Aufwärmen. Dabei werden die beanspruchten Muskelgruppen und Gelenkstrukturen der nachfolgenden Übungen aktiviert und mobilisiert. Der Unterschied ist, dass das allgemeine Aufwärmen unspezifisch erfolgt. Anschließend führt der Kunde Aufwärmsätze an den Geräten durch. Es werden Standards der Bewegungsausführung festgelegt und der Kunde beginnt mit dem Test. Der Kunde führt die Bewegungen am Gerät mit einem durch den Trainer und der subjektiven Einschätzung des Kunden bestimmten Gewicht und mit null Wiederholungen aus. Die exzentrische und konzentrische Bewegung wird über zwei Sekunden ausgeführt. Wenn bei dem ersten Testsatz die zehnte Wiederholung mit Leichtigkeit bewältigt wurde, erhöht sich das Gewicht um 5%, 10% oder 25%, je nach subjektivem Belastungsempfinden des Kunden (Zimmer, 1999, S. 45-47). Das gleiche gilt auch bei dem zweiten Testsatz. Wird der zweite Testsatz mit Leichtigkeit bewältigt oder gar nicht bewältigt, folgt ein dritter Testsatz. Zwischen den Testsätzen gilt es eine Pausenzeit von fünf Minuten einzuhalten. Nachdem der dritte Testsatz beendet ist und somit das Ergebnis feststeht, wird das Ergebnis in die Trainingsplanung umgesetzt. Während des Tests wird darauf geachtet, dass die festgelegten Standards eingehalten werden. Die nachfolgende Tabelle zeigt die Ergebnisse und die Testgewichte der einzelnen Übungen des durchgeführten 10-RM-Tests.

1.2.3 Testübungen und Schlussfolgerung

Tab. 4: Testübungen und Testergebnisse (eigene Darstellung)

Testübung	Wiederholungen	1. Testsatz	2. Testsatz	3. Testsatz	Ergebnis
Brustpresse	10	30kg	47,5kg	50kg	50kg
Beinpresse	10	130kg	160kg	180kg	180kg
Beinbeuger	10	25kg	45kg	55kg	55kg
Latzug	10	25kg	55kg	50kg	50kg

Mit den im Krafttest ermittelten Gewichten kann im weiteren Trainingsablauf, ausgehend von den Zielen des Kunden, trainiert werden. Die Trainingsintensitäten können mithilfe der Individuellen-Leistungsbild-Methode (ILB-Methode) abgeleitet werden und in den Trainingsplan integriert werden. Die Möglichkeit des Norm- bzw. Referenzwertvergleichs ist nicht gegeben, da viele Einflussfaktoren bzw. Störgrößen das Testergebnis verfälschen können. Um eine Dokumentation der Leistungsentwicklung zu erstellen, müssen Standards festgelegt und exakt eingehalten werden. Werden die Standards nicht eingehalten ist ein Leistungsvergleich nicht möglich (Eifler, Studienbrief Trainingslehre I, 2018, S. 128)

2 Zielsetzung/ Prognose

In dem Einführungsgespräch wurde nach den Trainingsmotiven gefragt und diese wurden im weiteren Verlauf als Ziele festgelegt.

Tab. 5: Ziele auf Basis der Diagnosedaten (eigene Darstellung)

Inhalt	Ausmaß	Zeit
Rückenschmerzen reduzieren	Schmerzskala von 5 auf 2 (Skala von 0-10)	6 Monate
Sprungkraft verbessern	Sprunghöhe von 54cm auf 59cm	6 Monate
Verletzungsprophylaxe (speziell Knie-, Sprunggelenk)	Kraftwertmessung von 180 kg auf 230 kg (Beinpresse)	6 Monate

2.1 Begründung der Ziele

Der Kunde klagte über leichte Rückenschmerzen und möchte diese reduzieren. Der Schmerzpunkt liegt auf einer Schmerzskala von 0-10 (dabei stellt 10 den höchsten Schmerzpunkt dar) auf einer fünf. Nach sechs Monaten wünscht er sich diesen Schmerzpunkt auf eine zwei zu verringern.

Das zweite Ziel ist die Verbesserung der Sprungkraft. Da der Kunde mit großer Leidenschaft Fußball spielt, wurde der Wunsch einer Leistungssteigerung geäußert. Im Fußballsport ist unter anderem die Sprungkraft leistungssteigernd (Keiner et al., 2012). Um das Ausmaß dieses Ziels messen zu können, wird zu Beginn ein Jump and Reach-Test durchgeführt. Der Test wird nach sechs Monaten wiederholt. Dabei wird der Punkt mit Kreide an der Wand markiert, an dem die Fingerspitzen des Kunden mit ausgestrecktem Arm nach oben die Wand berühren. Anschließend versucht der Kund aus dem Stand so hoch wie möglich zu springen und markiert dabei den höchsten Punkt an der Wand. Um das Ergebnis zu bekommen wird der Abstand zwischen den markierten Punkten gemessen.

Im dritten Ziel geht es darum, das Verletzungsrisiko zu minimieren. Der Kunde hatte bereits vor einigen Jahren eine durch den Fußballsport entstandene Verletzung am Knie. Im Fußball ist es wichtig, die Beinmuskulatur zu stärken, da durch die schnellen und nicht zyklischen Bewegungen während eines Spiel eine starke Belastung auf die Gelenke ausgeübt wird (Kittel et al., 2008). Somit ist hier ein Muskelaufbautraining speziell für die Beine vorgesehen. Um das Ausmaß dieses Ziels zu definieren, wird ausgehend von dem 10-RM-Test eine Kraftsteigerung von 180kg auf 230kg bei der Beinpresse vorgesehen.

Hierfür wird nach sechs Monaten ein weiterer 10-RM-Test an der Beinpresse durchgeführt.

3 Trainingsplanung Makrozyklus

Ein Makrozyklus (MAZ) ist ein längerfristiger Trainingsabschnitt, der aus mehreren Mesozyklen besteht. Die inhaltliche Grundstruktur kehrt innerhalb eines Zyklus wieder und verfolgt als Ziel der Herausbildung der Leistungsfähigkeit auf einem höheren Niveau (Schnabel et al., 2016).

3.1 Makrozyklusdarstellung

In nachfolgender Tabelle (Tab. 5) ist der Makrozyklus für den Kunden dargestellt. Der Makrozyklus geht über einen Zeitraum von sechs Monaten und ist in vier Mesozyklen unterteilt. Die Dauer der Mesozyklen ist auf das spezifische Trainingsziel angepasst. Die spezifischen Trainingsziele wurden so gewählt, dass sie auf die Ziele des Kunden ausgelegt sind, sodass dieser seine Ziele nach den sechs Monaten erreichen wird.

Tab. 6: Makrozyklusplanung (eigene Darstellung)

	Mesozyklus I	Mesozyklus II	Mesozyklus III	Mesozyklus IV
Zyklusdauer	4-6 Wochen	6-8 Wochen	6-8 Wochen	4 Wochen
Spezifisches Trainingsziel	Kraftausdauer	Muskelaufbau (extensiv)	Muskelaufbau (intensiv)	Schnellkraft
Häufigkeit / Woche	2	2	2	2
Organisationsform	GK/Circuit	GK/Station	GK/Station	GK/Station
Übungen / Muskel	1 - 2	1 - 2	1 - 2	1 - 2
Sätze / Übung	2 - 3 Circuits	2 - 3	3	2 -3
Satzpausen	---	90 Sek.	90 Sek.	> 3 Minuten
Wiederholungen	20 - 40	10 - 12	8 - 10	6 - 8
Intensität in % ILB	60 - 80 %	60 - 80%	60 - 80%	60 - 80%
Bewegungstempo	2 Sek. Exzentrisch 2 Sek. konzentrisch	2 Sek. exzentrisch 2 Sek. Konzentrisch	1 Sek. konzentrisch 3 Sek. exzentrisch	explosiv

3.2 Begründung der Trainingsmethode

Die Trainingsmethode auf Basis des X-RM-Tests nach DeLorme und Watkins (1991) ist zur Trainingsplanung ungeeignet, da in diesem Konzept nur die Wiederholungsanzahl und die Intensität beschrieben wird. Die anderen Belastungsparameter wie zum Beispiel Satzpausen, Belastungshäufigkeit und Belastungsumfang werden nicht berücksichtigt. Die gewählte übergeordnete Trainingsmethode ist die Individuelle Leistungsbild-Methode (ILB-Methode). Bei dem Mehrwiederholungstest (auch ILB-Test bezeichnet) wird das Trainingsgewicht bestimmt, mit dem im Verlauf der Trainingsplanung auch trainiert werden soll und daher kann der Kunde die Belastung des Trainings besser einschätzen (Buskies, W., Boeckh-Behrens, W. U. 1999).

Für diese Methode existiert ein Grobraster zu Intensitätsbestimmung (Tab.6) nach Strack, A. und Eifler C. (2005).

Tab. 7: Grobraster der ILB-Methode (modifiziert nach Strack & Eifler, 2005)

Trainingsstand	Erfahrung (Monate)	Organisationsform	Einheiten pro Woche	Übungen / Muskel	Sätze	Wiederholungen	Intensität
Orientierungsphase	0 - 1,5	GK	1 - 2	1 - 2	1 - 2	10 - 15	Gering
Beginner	> 1,5 - 6	GK / Split	2	1 - 2	1 - 2	Spezifisch	50 - 70
Mäßig Fortgeschritten	> 6 - 12	GK / Split	2 - 3	2	2	Spezifisch	60-80
Fortgeschrittener	> 12 - 36	GK / Split	3 - 4	2 - 3	2 - 3	Spezifisch	70-90
Elite	> 36	GK / Split	4 - 6	2 - 4	3 - 4	spezifisch	80-100

Nach diesem Grobraster wird die Person je nach Trainingsstand in eine Kategorie eingeteilt und ausgehend von dem Leistungsstand variiert die Intensität. Während des Makrozyklus bleibt die Intensität kontinuierlich gleich. Um eine Verbesserung der Leistungsfähigkeit zu gewährleisten, wird der Mehrwiederholungstest (X-RM-Test) nach jedem Mesozyklus wiederholt und somit passt sich die Intensität an den neuen Leistungsstand der Person an (Eifler, C., Studienbrief Trainingslehre I, 2018, S. 164). Bei der Methode auf Basis des Maximalkrafttests (1-RM-Test) ist es erschwert, die Intensitäten und die Trainingssteuerung individuell auf die Person anzupassen. Um dies gewährleisten zu können, muss für jede einzelne Übung ein separater Maximalkrafttest gemacht werden (Buskies, W., Boeckh-Behrens, W. U. 1999).

3.3 Begründung der Belastungsparameter

Die Einheiten, die der Kunde pro Woche trainieren soll ist auf zweimal pro Woche festgelegt, da das seinem zeitlichen Verfügungsrahmen entspricht (Vgl. Tab. 1) und daher in allen Mesozyklen gleichbleibt. Da er zudem Training noch dreimal pro Woche Fußball spielt, ist es nicht zu empfehlen mehr als zweimal die Woche das Training zu absolvieren (Fröhlich, M., Schmidtbleicher, D., Emrich, E., 2007).

Die Übungen pro Muskelgruppe, Sätze pro Übung sowie die Intensität wurden nach dem Grobraster von Strack und Eifler (2005) abgeleitet. Der Kunde wir in die Kategorie zwischen dem Beginner und des mäßigen Fortgeschrittenen eingestuft, da er regelmäßig Fußball spielt und einen entsprechenden Leistungsstand besitzt, aber noch sehr wenig Erfahrung im Bereich des Krafttrainings gemacht hat. Die Sätze pro Übung wurden auf zwei bis drei festgelegt, da bei einem Einsatztraining die Intensität deutlich höher eingestellt werden muss als bei einem Mehrsatztraining (Fröhlich, M., Schmidtbleicher, D., Emrich, E., 2007). Ein bis zwei Übungen pro Muskelgruppe sind so zu erklären, dass zwei Übungen pro Muskelgruppe ausgeführt werden, wenn auf dieser Muskelgruppe der Fokus der Zielsetzung liegt. Die Zielsetzung betrifft bei dem Kunden die Kräftigung des Rückens und der Beine.

3.4 Begründung der Organisationsformen

Die übergeordnete Organisationsform ist das Ganzkörpertraining, weil hier alle Hauptmuskelgruppen in einer Trainingseinheit trainiert werden. Durch die vielfältige Beanspruchung der Muskulatur und das Trainieren des ganzen Körpers ist es Gründen der Zeitökonomie als auch der Voraussetzungen des Kunden empfehlenswert. Im Vergleich zum Split-Training, bei dem die beanspruchten Muskelgruppen auf unterschiedliche Tage aufgeteilt werden, wird mit dem Ganzkörpertraining zeitlich deutlich kürzer trainiert.

Das Ganzkörper Zirkeltraining stellt im ersten Mesozyklus die Organisationsform dar. Das Zirkeltraining wird ohne Satzpausen durchgeführt und ist somit vermehrt umfangsorientiert. Da der Kunde durch den Fußballsport über eine gute Grundausdauer verfügt, kann das Zirkeltraining ohne Bedenken in den Trainingsplan aufgenommen werden (Eifler, C., Studienbrief Trainingslehre I, 2018, S. 216). Auch die Organisationsform des Stationstrainings in den anderen Mesozyklen ist für den Kunden ohne Bedenken auszuführen, da er die Übungsausführung bereits im ersten Mesozyklus erlernt und sich dementsprechend die Leistungsfähigkeit angepasst hat. Im Rahmen der zeitlichen Verfügung des Kunden können beide Organisationsformen realisiert werden, da eine Verfügung von zweimal pro Woche notwendig ist, um entsprechende Trainingsanpassungen zu erzielen (Fröhlich, M., Schmidtbleicher, D., Emrich, E., 2007).

3.5 Begründung der Periodisierung

Als Periodisierung bezeichnet man die richtige Relation aus der Belastungsphase und der Erholungsphase. Anhand des abgebildeten Makrozyklus ist eine klassische Periodisierung (oder lineare Periodisierung, Blockperiodisierung) zu erkennen. Kennzeichnend ist die steigende Intensität bei abnehmender Wiederholungszahl (Fröhlich, M., Müller, T., Schmidtbleicher, D., Emrich, E., 2009). Der Makrozyklus beginnt mit einem umfangsorientierten Krafttraining, mit dem Ziel der Kraftausdauer, um den Kunden an ein Training mit höheren Intensitäten zu gewöhnen. Anschließend folgt ein intensitätsorientiertes Krafttraining, um den Muskel zu stärken und die Ziele des Kunden zu verfolgen. Beim letzten Mesozyklus liegt der Schwerpunkt auf dem Schnellkrafttraining, da der Kunde das Ziel hat, die Sprungkraft zu verbessern und der Zyklus auf dieses Ziel angepasst ist.

4   Trainingsplanung Mesozyklus

Ein Mesozyklus ist ein Trainingsabschnitt, der sich über einen Zeitraum von vier bis sechs Wochen erstreckt. Dieser besteht aus mehreren Mikrozyklen.

Tab. 8: Mesozyklusplanung (eigene Darstellung)

Zyklusdauer	6 - 8 Wochen
Spezifisches Trainingsziel	Muskelaufbau (intensiv)
Trainingseinheiten / Woche	2
Organisationsform	GK/Station
Übungen / Muskelgruppe	1 - 2
Sätze / Übung	3
Satzpausen	90 Sek.
Wiederholungszahl	8 - 10
Intensität in % ILB	60 - 80 %
Bewegungstempo	1 Sek. exzentrisch, 3 Sek. konzentrisch

Tab. 9: Übungsauswahl des Mesozyklus (eigene Darstellung)

Übungen	Wiederholungen	Sätze	Satzpausen
Kniebeugen	8 - 10	3	90 Sek.
Beinbeuger	8 - 10	3	90 Sek.
Bankdrücken	8 - 10	3	90 Sek.
Klimmzugmaschine	8 - 10	3	90 Sek.
Rudern (am TRX; 90° Winkel)	8 - 10	3	90 Sek.
Hyperextension (+Gewicht)	8 - 10	3	90 Sek.
Plank (TRX)	8 - 10	3	90 Sek.

Begründung Konzept der Übungsauswahl

Die Übungen, die im Mesozyklus verwendet werden, sind in Tabelle 8 abgebildet. Der Schwerpunkt liegt hierbei auf Freihantelübungen. Diese dienen hauptsächlich zu Stabilisation des ganzen Körpers und Kräftigung der beteiligten Muskeln (Ehrhardt, 2012). Das Ziel ist es, den Kunden im Verlauf des Makrozyklus zunehmend mit Freihantelübungen trainieren zu lassen. Am Anfang des Makrozyklus trainiert der Kunde mit Schwerpunkt auf maschinengeführten Übungen, damit er die Bewegung schnell erlernen kann und somit im weiteren Training das Verletzungsrisiko an Freihantelübungen zu reduzieren. Die verwendeten Übungen richten sich nach der Zielstellung des Kunden. Da der Kunde die Ziele der Schmerzlinderung im Rücken, der Sprungkraftverbesserung und der Verletzungsprophylaxe (spezielle auf das Knie- und Sprunggelenk) verfolgt, sind die am meisten beanspruchten Muskelgruppen die Beine, der Rumpf und der Rücken. Nach

Friedmann (2007) wird empfohlen, überwiegend mehrgelenkige Übungen in den Trainingsplan zu integrieren. Durch die mehrgelenkigen Übungen wird unter anderem die intra- und intermuskuläre Koordination. Außerdem besteht ein koordinativ höherer Anspruch und eine Erhöhung der neuromuskulären Ansteuerungsmechanismen über das Zentrale Nervensystem. Je freier die Übungen sind, desto mehr gleichen sie den alltäglichen Bewegungen (Eifler, C., Studienbrief Trainingslehre I, 2018, S. 198).

4.1 Begründung einzelner Übungen

Im Folgenden werden die ausgewählten Übungen im Hinblick auf die beanspruchten Muskeln und den individuellen Nutzen der Person begründet.

4.1.1 Kniebeugen

Bei den Kniebeugen wird eine Vielzahl von Muskel beansprucht. Auf den Vierköpfigen Oberschenkelmuskel, den mittleren und den großen Gesäßmuskel wirken die höchsten Belastungen. Durch eine Kokontraktion wird auch die Rumpfmuskulatur angesteuert. Durch die Stärkung der Muskulatur in den Beinen wird für eine Entlastung der Gelenke gesorgt. Alternativ kann auch die Beinpresse zur Stärkung der Beinmuskulatur eingesetzt werden, jedoch ist hier der Bezug zum Alltag weniger gegeben.

4.1.2 Beinbeuger

Die Rückseite des Oberschenkels wird isoliert bei dem Beinbeuger am Gerät beansprucht. Dazu zählen der Zwillingswaden-, der Plattsehnen-, der Halbsehnenmuskel, der kurze und der lange Kopf des Beinbizeps. Damit es zu keiner muskulären Dysbalance der Beinmuskulatur kommt wird diese Übung in den Trainingsplan integriert.

4.1.3 Bankdrücken

Die beteiligten Muskeln beim Bankdrücken sind unter anderem der große Brustmuskel, der Trizeps und der Delatmuskel. Der Nutzen des Kunden liegt darin, dass die Wahrscheinlichkeit steigt in einem Zweikampf im Fußball als Sieger dazustehen. Außerdem kann es als Vorbeugung von Verletzungen dienen.

4.1.4 Klimmzugmaschine

Um den Rücken zu kräftigen trainiert der Kunde den breiten Rückenmuskel, den Bizeps, den kleinen und den großen Rautenmuskel an der Klimmzugmaschine. Alternativ ist es möglich Klimmzüge zu trainieren, jedoch ist der Vorteil und der Nutzen der Klimmzugmaschine, die individuelle Einstellung der Gewichte.

4.1.5 Rudern am TRX-Band

Das Rudern am TRX-Band wird mit einem 90° Winkel zwischen Rumpf und Armen ausgeführt. Dabei werden hauptsächlich die obere Rücken-, die Schultermuskulatur und der

Bizeps angesprochen. Außerdem erfordert die Übung am TRX eine hohe Körperspannung und dient zur Stabilisation des gesamten Körpers.

4.1.6 Hyperextension mit zusätzlichen Gewichten

Bei den Hyperextensions sind die zum Großteil beanspruchte Muskulatur der lange Kopf des Bizepses, der große Gesäßmuskel und der Rückenstrecker. Durch die Stärkung der hinteren Rumpfmuskulatur wird eine aufrechte Haltung des Oberkörpers erzielt. Die Alternative zu diesem Gerät ist der Rückenstrecker am Gerät. Hierbei wird allerdings nur isoliert der Rücken trainiert.

4.1.7 Plank am TRX-Band (erschwert durch Beine heranziehen)

Bei der Übung des Planks und des erhöhten Schwierigkeitsgrades durch das Heranziehen der Beine am TRX-Band, wird die Muskulatur des Rumpfes, der Arme und der Beine beansprucht. Der Kunde hat den Nutzen der verbesserten Körperspannung und durch das Heranziehen der Beine wird die Beinmuskulatur zusätzlich vermehrt angesprochen.

5   Literaturrecherche

Im Folgenden werden zwei wissenschaftliche Studien zum dem Thema der Effekte des Krafttrainings Rückenbeschwerden („low back pain" bzw. „LWS-Syndrom") dargestellt.

Tab. 10: Wissenschaftliche Studie (modifiziert nach Stephan, Goebel, Schmidtbleicher, 2011)

Autoren	Stephan A., Goebel S., Schmidtbleicher D.
Publikationsdatum	2011
Versuchspersonen	58 Personen: Rückenschmerzen frühes Chronifizierungsstadium und gering-moderate Alltagseinschränkungen (Trainingsgruppe) 16 Personen: als Kontroll-Gruppe
Versuchsaufbau	6 Monate lang, 6-mal monatliches, ein halbstündiges maschinengestütztes Krafttraining
Ergebnisse, Schlussfolgerungen	Mittlere Schmerzstäre: - Trainingsgruppe: Schmerzreduktion von 38% - Kontroll-Gruppe: Schmerzreduktion von 26% Krafttraining führt zu relevanten Schmerz-, Beeinträchtigungsreduktionen

Tab. 11: Wissenschaftliche Studie (modifiziert nach Hildebrandt, Pfingsten, Franz, Saur, Seeger, 1996)

Autoren	Hildebrandt, J., Pfingsten, M., Franz, C., Saur, P., Seeger, D.
Publikationsdatum	1996
Versuchspersonen	90 Patienten: vorwiegend arbeitsunfähig seit neun Monaten
Versuchsaufbau	8 Wochen: ambulant verhaltens-, trainingstherapeutisch behandelt 3 Wochen: (Vorphase) Unterricht, Muskeldehnung 5 Wochen Hauptprogramm: Arobic, funktionelles Krafttraining, Sport, Spielen, Arbeits-training, kognitive Verhaltenstherapie (7 Std. täglich)
Ergebnisse, Schlussfolgerungen	94% (84 Patienten): Befunde verbessert 63%: wieder arbeitsfähig Hohe Effektivität des Behandlungsprogramms

6 Literaturverzeichnis

Buskies, W. & Boeckh-Behrend, W. U. (1999). Probleme bei der Steuerung der Trainingsintensität im Krafttraining auf Basis von Maximaltests. *Leistungssport, 29* (3), 4-8.

DeLorme, T. L. & Watkins, A. L. (1951). *Progressive resistance exercise. Technic and medical application.* New York: Appleton-Century-Crofts.

Eifler, C. (2018). Studienbrief Trainigslehre I - Trainingsplanung im Krafttraining (Rev. 19.028.000). Saarbrücken: Deutsche Hochschule für Prävention und Gesundheitsmanagement.

Erhardt, D. (2012). Praxishandbuch funktionelles Training, 274-324. Georg Thieme Verlag.

Friedmann, B. (2007). Neuere Entwicklungen im Krafttraining. Muskuläre Anpassungsreaktionen bei verschiedenen Krafttrainingsmethoden. *Deutsche Zeitschrift für Sportmedizin, 58* (1), 12-18.

Fröhlich, M., Klein, M., Emrich, E., Schmidtbleicher, D. (2001). Arbeit als Bruttokriterium der Belastung im Ausdauertraining. *Leistungssport, 31* (2), 24-28.

Fröhlich, M., Schmidtbleicher, D., Emrich, E. (2007). Vergleich zwischen zwei und drei Krafttrainingseinheiten pro Woche – ein metaanalytischer Zugang. *Deutsche Zeitschrift für Sportmedizin, 19* (2), 6-21.

Fröhlich, M., Müller, T., Schmidtbleicher, D. & Emrich, E. (2009). Outcome-Effekte verschiedener Periodisierungsmodelle im Krafttraining. *Deutsche Zeitschrift für Sportmedizin, 60* (10), 307-314.

Hildebrandt, J., Pfingsten, M., Franz, C., Saur, P., Seeger, D. (1996). Das Göttinger Rücken Intensiv Programm (GRIP) – ein multidimensionales Behandlungsprogramm, Teil 1. *Der Schmerz*, 190-203. Berlin: Springer-Verlag

Keiner, M., Sander, A., Wirth, K., Schmidtbleicher, D. (2013). Einfluss eines zweijährigen Krafttrainings auf schnellkräftige Leistungen im Nachwuchsleistungssport Fußball. *Leistungssport, 43* (5), 23-29.

Kittel, R., Dittrich, M., Flegge, R., Lazik, D., Wick, D. (2008). Auswirkungen fußballspezifischer Belastungen auf den Bewegungsapparat – *Sportverletzungen Sportschaden*, 164-168. New York: Georg Thieme Verlag VG Stuttgart.

Kovarik, J. (1991). Bemessung des Krafttrainings aufgrund des Zusammenhangs zwischen Belastung, Wiederholung pro Serie und Serienzahl. *Leistungssport*, 21(6), 49-51.

Kraemer, W. J. & Fry, A. C. (1995). Strength testing: Development and evaluation od methodology. In P. Maud & C. Foster (Hrsg.), *Physiological assessment of human fitness* (S. 290-301). Champaign IL: Kuman Kinetics.

Schnabel, G., Krug, J., & Harre, H. D. (2016). Trainingslehre-Trainingswissenschat: Leistung - Training - Wettkampf. Aachen: Meyer & Meyer.

Schnabel, G., Harre, D. & Barde, A. (Hrsg). (1997). *Trainingswissenschaft. Leistung - Training - Wettkampf. Die Studienausgabe:* SVB Sportverlag Berlin   GmbH

Slany, J., Magometschnigg, D., Mayer, G., Pichler, M., Pilz, H., Rieder, A., Schernthaner, G., Skrabal, F., Silberbauer, K. Stoschitzky, K., Watschinger, B., (2007). Klassifikation, Diagnostik und Therapie der Hypertonie – Empfehlungen der Östereichischen Gesellschaft der Hypertensiologie. *Journal für Hypertonie 11* 11 (1), 7-11

Stephan, A., Goebel, S., Schmidtbleicher, D. (2011). Effekte maschinengestützes Krafttrainings in der Behandlung chronischen Rückenschmerzes. *Deutsche Zeitschrift für Sportmedizin,* 62 (3), 69-74.

Strack, A. & Eifler, C. (2005). The individual lifting performance method (ILP) - a practical method for fitness - and recreational strenght training. In J. Gießing, M. Fröhlich & P. Preuss (Hrsg.), *Current Results of Strength Training research - An empirical and theoretical Approach* (S. 153-163). Göttingen: Cuvillier.

WHO (2000). *Obesity: preventing and managing the global epidemic. WHO Technical Report Series 894, Geneva.* Zugriff am: 25.08.2018. Verfügbar unter http://www.who.int/nutrition/publications/obesity/WHO_TRS_894/en/

Zimmer, M. (1999). Entwicklung und Erprobung eines Mehrwiederholungstests zur Erfassung der Kraftleistung im Fitneß-Training. Diplomarbeit, Universität des Saarlandes. Saarbrücken.

7   Tabellenverzeichnis

7.1   Tabellenverzeichnis